ELOGES

DE MESSIEURS

DELARBRE

ET CHAPOUILLE,

Par M. Ch. JALADON , Maître &
Démonſtrateur en Chirurgie , Lieutenant de M.
le premier Chirurgien du Roi , ancien Chirurgien
Major du Régiment de Riom , Membre de la
Société Littéraire de cette Ville , &c.

Prononcés le 6 Août 1764 à l'ouverture de
l'Amphitéatre des Ecoles de Chirurgie de la Ville
de Clermont-Ferrand.

A CLERMONT-FERRAND,

Chez Pierre VIALLANES, Imprimeur-Libraire,
près l'ancien Marché au Bled.

M. DCC. LXVII.
AVEC PERMISSION.

ELOGES

DE MESSIEURS

DELARBRE

ET CHAPOUILLE.

M ESSIEURS,

Rien de plus propre à exciter cette noble émulation fi defirable & fi néceffaire au soutien & au
progrès des Sciences & des Arts, que de rendre
à ceux qui les profeffent avec diftinction la juftice
qui eft due à la fupériorité de leurs talens, à leur
amour pour le bien public, à leur zéle à contri-
buer par leurs foins à tout ce qui peut remédier
aux befoins de l'humanité.

Il eft rare que cette juftice foit exactement ren-
due, pendant la vie, à ceux qui la méritent à fi
juftes titres, foit du Public, foit de leurs Confreres : l'amour propre, qui nous féduit, nous
porte prefque toujours à déprimer le mérite d'au-
trui, & une aveugle prévention nous perfuade

que nous ne fommes pas moins dignes qu'eux des éloges du Public, mais il eft un temps où, dépouillés malgré nous de ce faux préjugé, nous fommes, pour ainfi dire, forcés de rendre hommage à la vérité, de reconnoître le degré des talens de ceux qui nous ont précédé, & de leur accorder le tribut d'eftime & de confidération que la Patrie leur doit pour les fervices qu'ils lui ont rendu.

Nous devons donc nous empreffer, Meffieurs, à donner cette foible marque de notre reconnoiffance à la mémoire de deux de nos Confrères dont la perte excite nos juftes regrets ; ils ont rempli fucceffivement la place de Lieutenant de M. le premier Chirurgien du Roi, que nous avons l'honneur d'occuper parmi vous ; ils s'y font diftingués l'un & l'autre, & le Public gémit encore fur la privation de leurs fervices.

JEAN DELARBRE, fils de Jacques Delarbre, Maître en Chirurgie, & d'Anne Lambert, naquit à Chanonat, à deux lieues de Clermont, le 3 Mai 1680. Jacques Delarbre, homme favant dans fa Profeffion & grand homme de bien, reconnut dans Jean Delarbre, fon fils, d'excellentes difpofitions pour les Sciences, & fpécialement pour la Chirurgie ; il mit tout en œuvre pour développer les talens de ce fils, mais une mort prématurée l'empêcha de mettre à exécution les projets qu'il avoit formé. En effet Jean Delarbre perdit fon Pere en 1693, il n'avoit pour lors que treize ans.

Anne Lambert chargée de huit enfans, riche en un très-grand fond de piété & de religion, mais très-peu avantagée des biens de la fortune, prit néanmoins le parti, après la mort de son mari, d'envoyer Jean Delarbre, son fils, à Paris la même année 1693.

Nous connoissons deux especes de Noviciat pour l'introduction à la Chirurgie : l'un suppose les ressources nécessaires pour fournir à une dépense honnête pendant plusieurs années qu'on passe à suivre les Praticiens accrédités, les Ecoles, les Hôpitaux, les Cours particuliers, les Cours publics : pour lors tous ces Exercices se font avec une grande liberté. L'autre consiste à s'assujettir à des Maîtres, moyennant certains engagements pris avec eux ; ici la dépense est réduite à celle qui est indispensable. M. Delarbre, arrivé à Paris, embrassa avec courage ce dernier parti, quoique le plus rude. Peu de temps après son arrivée il fit connoissance avec le fameux M. de Saint Yon, Maître en Chirurgie de Paris : celui-ci reconnut beaucoup d'aptitude dans le jeune Delarbre, il se l'attacha.

Dès le commencement de l'hiver de l'année 1694 notre jeune Eleve s'appliqua à l'Anatomie. Les commencemens sont très-durs : ils le deviennent bien davantage, lorsque le temps destiné à cette grande entreprise est limité. Le zélé Delarbre, sans se rebuter, parvint à remplir les engagements qu'il avoit contracté avec ses Maîtres, & lorsque le temps ne lui permettoit pas d'étudier ses Traités pendant le jour, il les apprenoit la nuit aux dépens de son sommeil : il suivit avec une exactitude peu commune les Hôpitaux, ensorte qu'il ne tarda pas à s'attirer l'estime des Chirurgiens en chef & l'amitié de ses Contemporains. Les premiers reconnoissant

A 3

la noble émulation du jeune Delarbre lui ouvri-
rent leurs Cabinets ; il fut admis à toutes leurs fa-
vantes leçons fur les différentes parties de la Chirurgie, ce qui fut un très-grand avantage pour ce
jeune Chirurgien. Pendant cette même année 1694
il fe livra à l'étude de la Botanique & de la Phyfiologie. L'hyver fuivant il fit un Cours d'Opérations, après avoir répeté celui d'Anatomie. Il a
ainfi pafsé l'efpace de cinq ans à faire tous ces dif-
férens Cours & à fuivre les plus grands Praticiens.

M. Delarbre, qui avoit employé ces cinq années
à s'inftruire à fond de toutes les parties de la Chirurgie, en favoit affez pour l'exercer avec diftinction. Pouffé d'une noble émulation, & jaloux de
mettre en pratique les préceptes qu'il avoit puifé
dans la Capitale du Royaume, il fe rendit en 1698
à Marfeille dans le deffein de s'embarquer ; il fubit
en conféquence, avec tout le fuccès poffible, les
examens & interrogatoires requis pour obtenir une
place & l'agrément de travailler : au bout de quelques
mois il fut reçu Chirurgien Major d'un Vaiffeau
de Guerre, il s'embarqua. Ses voyages feroient la
matiere de plufieurs volumes. Il a navigé fur prefque toutes les Mers, il a pafsé quatre fois la Ligne,
il a parcouru la plus grande partie de l'Europe,
une partie de l'Afie & de l'Afrique.

L'amour qu'il avoit pour fon état, & l'envie de
parvenir au plus haut degré de perfection, lui faifoit contracter des liaifons, par tout où il paffoit,
avec les Savans. Notre cher Confrere étoit d'un
caractere vif, il avoit l'efprit jufte, droit ; il étoit
naturellement curieux ; fon occupation effentielle

pendant fes longs voyages étoit de tirer quelqu'a-
vantage des objets qui fe préfentoient à fes yeux ;
il faifoit des recueils d'obfervations fur la Chirurgie , fur la Botanique , &c. mais fpécialement fur
la maniere dont on traitoit les maladies dans chaque Pays , refpectivement au climat , aux circonf-
tances des lieux & des temps.

Son attachement pour la Religion chrétienne lui
attira plufieurs fois fur les Côtes de Barbarie l'in-
dignation des Mufulmans , & plus d'une fois il fe
vit expofé au danger prochain de recevoir la baf-
tonnade.

Enfin chargé de plufieurs volumes d'obfervations intéreffantes & de nombreufes collections
fur l'Hiftoire naturelle, fe voyant dans une cer-
taine aifance, il prit la réfolution de fe rapprocher
de fa Patrie. Comme il revenoit, le Vaiffeau fur
lequel il étoit monté fut pris fur la Côte d'Alger
par des Corfaires, & dans un moment notre illuftre
Confrere fe vit dépouillé non feulement de fa pe-
tite fortune, mais des collections & manufcrits
qu'il avoit fait ; en un mot du fruit de fix ans de
Navigation. Les Corfaires abandonnerent cepen-
dant le Vaiffeau, ils laifferent la liberté aux Voya-
geurs , ainfi après bien des traverfes ces infortunés
aborderent les Côtes d'Efpagne.

M. Delarbre, rebuté du mauvais fort qu'il avoit
effuyé fur Mer, fe félicitoit de fe voir échappé de
la captivité & du naufrage ; pour réparer une partie des pertes qu'il avoit fait , il effaya de tenter
fortune en Efpagne. La fupériorité de fes talens lui
ouvrit bientôt un vafte champ & le mit à même

A 4

d'exercer son art plusque jamais. Il fut d'abord employé pendant six mois en qualité de Chirurgien-Aide-Major des Hôpitaux des Troupes à Rose, & successivement à Sarragoce, à Barcelone, & enfin à Salamanque. Comme il étoit grand observateur, il trouva moyen de se satisfaire : nous avons de lui un recueil d'observations & un excellent Traité des plaies d'armes à feu : il eut encore occasion de faire de nouvelles collections ; Dom Louis de Villanova d'une des plus illustres Familles d'Espagne, sur la réputation que notre cher Confrere s'étoit acquis par les opérations & les cures qu'il avoit fait, se l'attacha. Ce Seigneur étoit un savant ; il avoit un Cabinet des plus curieux, d'excellents Manuscrits, & surtout de ces Recettes admirables pour la cure de certaines maladies ; il aimoit à voyager, il n'avoit rien de secret pour celui à qui il avoit donné sa confiance. M. Delarbre qui savoit tirer avantage de tout, obtint l'agrément de faire des copies de certains Manuscrits : sa Famille en possede un Dispensaire en gros *in-quarto* écrit de sa main.

Il est un attrait qui naît & qui vit avec nous, l'amour de la Patrie. Dès qu'on en a été éloigné pendant un certain nombre d'années, quelque bien que l'on soit ailleurs, le desir de revoir ses Dieux Pénates se fait sentir tôt ou tard très-vivement. M. Delarbre qui jouissoit en Espagne d'une grande réputation, qui y possedoit tout ce qui peut flatter un mortel, eut enfin la volonté de revenir en France : ce fut en 1707 qu'il arriva à Clermont. La place de Chirurgien en chef de l'Hôtel-Dieu de cette Capitale de l'Auvergne étoit vacante, plufieurs y afpiroient, il y eut un efpece de concours, les réponfes aux interrogatoires déciderent en faveur de M. Delarbre : la place lui fut accordée. Ce fut alors que fa maniere d'opérer fe fit connoître. Il mit en faveur le grand appareil pour l'opération de la Lithotomie : jufques-là cette opération ne s'étoit guéres pratiquée que par le petit appareil dans l'Hôtel-Dieu de Clermont. Il avoit une parfaite connoiffance de fon fujet ; il excelloit dans la Phyfiologie chirurgicale, à laquelle il joignoit une pratique des plus confommées. Il étoit charitable, compatiffant aux miferes humaines ; les Pauvres trouverent en lui un grand Chirurgien, un ami, un pere. Il demeura dans cet Hôtel-Dieu au delà des cinq années prefcrites pour lors pour parvenir à la Maîtrife ; il n'en fortit qu'en 1714, temps auquel il fe maria, & depuis, quoiqu'établi & très-occupé à la Ville & à la Campagne, il fut toujours la reffource des Pauvres & de Meffieurs les Adminiftrateurs lorfque l'Hôtel-Dieu manquoit de Chirurgiens : nous avons été témoins de fon zéle, & nous pouvons affurer que chaque fois qu'il y étoit appellé on lui procuroit un nouveau plaifir : dans tous les temps il regarda la Maifon des Pauvres comme la fienne.

La droiture de fes fentimens & toutes les autres louables qualités qu'il réuniffoit, lui mériterent l'agrément de fa Compagnie & le defir des Citoyens pour obtenir en 1728 la Lieutenance de M. Marefchal, premier Chirurgien du Roi.

Ce nouveau degré d'élévation fut un nouveau motif de zéle pour M. Delarbre. Les interêts de la Chirurgie ne pouvoient tomber en meilleures mains ; il réunissoit en lui toutes les qualités nécessaires pour un Chef de Compagnie.

Grand Théoricien, grand Praticien, il avoit une si grande dextérité & un usage si familier des instrumens de Chirurgie qu'il sembloit jouer lorsqu'il s'en servoit. Il avoit l'esprit juste, le discernenement vif & les mœurs les plus épurées.

Arrivoit-il quelque désordre dans la Compagnie, en ménageant les intérêts d'un chacun, il concilioit les esprits & rendoit la justice ; la fermeté, la décence, l'équité, l'air de bonté même avec lesquels il se comportoit, lui gagnoient l'approbation de tous ses Confreres : ceux même contre qui il étoit forcé de porter son jugement, ne pouvoient s'en formaliser.

Il n'y a pas d'endroit où le Charlatanisme ne fasse du ravage ; nous voyons des Coureurs de toute espece abuser de la confiance publique, sans la plus legere connoissance de la structure humaine ni des maladies, faire sur les Gens de la Campagne des épreuves téméraires : nous voyons aussi avec regret les Habitans des Villes les plus considérables donner à l'aveugle leur confiance en ces sortes d'Empyriques. Il est vrai que ceux-ci hazardent tout en promettant un succès heureux, sans s'embarrasser des suites. Il n'est pas étonnant qu'un Malade cherche la guérison à quelque prix que ce puisse être, & se laisse séduire par une fausse promesse : mais ce qui me surprend, c'est que des parens éclairés donnent dans un travers de cette importance. On a vu périr souvent des Malades peu de temps

après l'application de certains remedes , les fquir-
rer dégénérer en cancers par l'ufage inconfidéré des
ftimulans , des irritans, &c. & nous avons le defa-
grément d'être appellés fouvent , lorfque le mal eft
fans remede , pour faire ceffer les ravages caufés
par l'ignorance des Charlatans. Auffi dès qu'il
en paroiffoit en cette Ville , M. Delarbre avoit-il
grand foin de les éloigner ; il prenoit en cela les
intérêts des Citoyens en protégeant la Chirurgie.
Combien de peines ne fe donna-t-il pas ? combien
de traverfes & d'inquiétudes n'eut-il pas à effuyer
pour arrêter la main hardie de certains foi difant
Chirurgiens qui n'avoient d'autre mérite que celui
d'en impofer au crédule vulgaire.

Lui furvenoit-il quelque difficulté plus épineufe
& plus délicate à décider, il confultoit fans délai
le Chef de la Chirurgie ; il avoit fi bien fu gagner
l'eftime de M. Marefchal, premier Chirurgien du
Roi , qu'il lui fuffifoit de donner à connoître ce
qu'il penfoit pour que fon avis fut approuvé ; &
celui à qui la Chirurgie eft redevable de fon luftre
l'a toujours regardé comme un des plus inftruits
de fes Lieutenants , je parle du célébre M. de la
Peyronie dont la mémoire gravée dans les faftes
de la Chirurgie en caractères ineffaçables fubfiftera
jufqu'aux fiécles les plus réculés : oui , M. de la
Peyronie écrivant à M. Verniol, fon Lieutenant
à Riom , lui marquoit : *s'il vous arrive quelque difficulté , adreffez-vous à M. Delarbre , mon Lieutenant à Clermont ; c'eft un homme des plus éclairé
dans fon Art, & très-inftruit dans les fonctions de
fa Charge ; c'eft celui de mes Lieutenants qui vaut*

le mieux, il vous donnera de très-bons conseils & *résoudra vos difficultés. . . .* Un témoignage auffi flatteur de la part d'un homme d'un mérite auffi diftingué nous donneroit la plus haute idée de M. Delarbre, quand même nous n'euffions pas connu toute l'étendue de fon mérite. Son zéle, vous le favez, Meffieurs, a toujours été fans bornes. Il a fait plufieurs Cours d'Anatomie, d'Opérations, &c. Ses Démonftrations fe faifoient tantôt à la Tour Notre-Dame près le petit Seminaire, tantôt dans une efpece de Grange derriere le College, &c. Pour remplir fes vues, il lui manquoit une Salle de Démonftrations ; les reffources de notre Compagnie font peu fécondes ; M. Delarbre fe mit à la tête de cette entreprife ; il parvint par fon œconomie à ramaffer une fomme médiocre dans l'efpace de plus de vingt ans ; il avoit à cœur cet objet, & pour y parvenir il propofa à la Compagnie d'abandonner fes droits, afin que par ce furcroît de moyens ils puffent commencer à bâtir cet Edifice où nous fommes aujourd'hui affemblés ; fes Confreres, animés du même zéle, faifirent avec empreffement l'idée de leur Chef, admirerent fa générofité, puifque fes droits étoient plus confidérables ; bref, on parvint à ramaffer une fomme de 2400 livres ; ces fonds furent bientôt épuifés, & M. Delarbre, pour empêcher la fufpenfion des travaux, propofa à fes Confreres de faire entre eux une fomme de 600 livres, ce qui fut accepté ; on revint dans la fuite plufieurs fois à la charge, & par ce moyen l'Edifice fut achevé.

M. Delarbre avoit eu le malheur de fe caffer

deux fois la jambe gauche, la premiere fois au
fervice des Pauvres à l'Hotel-Dieu en ₱738. Cette
chute fut un fujet de défolation dans le cœur des
Pauvres de cette Maifon. Il reçut dans cette occa-
fion les marques d'une vraie vénération de la part
de Meffieurs les Adminiftrateurs & des Citoyens
les plus diftingués de la Ville : ce fut pour lors
qu'il reconnut l'attachement de tous fes Confreres
qui fe difputoient à l'envi la gloire de lui rendre
fervice.

Agé de foixante-dix ans, affligé d'une furdité
confidérable, afin de mener une vie plus paifible,
il fe démit de fa Charge de Lieutenant en faveur
de M. Chapouille. L'amour propre qui craint l'é-
galité n'eut aucune part dans cette démiffion ; il
aimoit M. Chapouille, les projets de l'un étoient
agréés de l'autre ; ils foupiroient à donner du luftre
à la Chirurgie : rien ne convenoit mieux à ce plan
que l'union qui regnoit entre eux ; animés du même
efprit, ils concerterent enfemble les moyens de ré-
former les abus qui s'étoient gliffés parmi les Chirurgiens de la Campagne. M. Delarbre avoit au-
trefois compofé des cayers fur les différentes parties de la Chirurgie ; il les avoit rédigé par deman-
des & par réponfes pour la facilité de fes Eleves.
Ils auroient defiré l'un & l'autre pouvoir les mettre
entre les mains de tous les jeunes gens qui fe dif-
pofoient à l'Art & Science de Chirurgie. Vous favez, Meffieurs, toutes les peines qu'ils prirent, &
tous les mouvemens qu'ils fe donnerent pour faire
des Chirurgiens ; M. Delarbre avoit foin tous les
foirs de faire réciter à fes Eleves ce qu'ils avoient

appris pendant la journée, il leur faisoit des explications : c'étoit la récréation de l'après-soupé. Ne soyons pas étonnés s'il en a formé un si grand nombre en état de travailler au sortir de chez lui.

Sa maniere d'agir a, dans tous les temps, été exempte de ces écarts qui, en détruisant la santé, abrégent la vie en deshonorant l'homme. A la tête des devoirs qu'il avoit à remplir, il mit toujours ceux de la Religion : véritablement pieux, il abhorroit le vice & détestoit les vicieux : fonciérement charitable sur la fin de ses jours, ne pouvant presque plus marcher, il ne s'exerçoit qu'au service des Pauvres. Une vie passée dans les bornes de la modération & de la vraie sagesse, lui laissa la main si sûre qu'à l'âge de plus de 80 ans il saignoit encore très-bien. Sa vue se conserva jusqu'à la fin de sa vie. Il mourut regretté de tous les honnêtes gens le 18 Mars 1763, âgé de 83 ans.

M. Dominique CHAPOUILLE, après avoir pris les premiers principes de la Chirurgie sous M. son Pere à Mauriac, travailla ensuite sous M. Sedillot, pere, un de nos excellents Maîtres. Celui-ci reconnut dans son Eleve de si heureuses dispositions, qu'il mit tout en œuvre pour les faire fructifier.

M. Chapouille alla ensuite à Paris où il demeura l'espace de huit ans ; ce fut là qu'il fit tous les Cours & tous les Exercices nécessaires pour parvenir à une haute connoissance de l'Art & Science de Chirurgie : il suivit les Hôpitaux de la Charité, l'Hôtel-Dieu, l'Hôtel royal des Invalides, les Praticiens les plus diftingués, il s'attira leur eftime & il s'acquit de la réputation : elle parvint cette réputation jufqu'à Meffieurs les Adminiftrateurs de l'Hôtel-Dieu de cette Ville. En 1739 ces Meffieurs l'appellerent pour remplir la place de Chirurgien en chef. Il fuffit de lui propofer cette place où il pût exercer fes talens, il l'accepta. Grand Anatomifte, bon Théoricien, excellent Praticien, vous lui avez vu, Meffieurs, faire les opérations les plus délicates avec les fuccès les plus heureux. Il aimoit les Pauvres. Nous l'avons vu pendant fes panfemens & autres exercices, avec quelle exactitude ne s'en acquitta-t-il pas ? Il aimoit la Chirurgie & les Chirurgiens : il étoit jufte dans fes décifions, il fe plaifoit à former des Eleves, en leur faifant des Cours d'Anatomie, d'Oftéologie, en leur donnant des leçons par maniere de conférence fur la théorie & la pratique.

Je ne faurois taire fans ingratitude que fi je fuis un peu Chirurgien, c'eft à lui que j'en fuis en partie redevable, c'eft lui qui m'a donné les premiers élémens, il m'a traité avec bonté, & n'a rien oublié pour mon inftruction pendant les quatre ans que j'ai travaillé fous lui.

A mon retour de Paris, lorfque je fus admis à la place de Chirurgien de l'Hôtel-Dieu de cette Ville, M. Chapouille fe prêtoit avec plaifir à fe rendre à mes panfemens, il m'étayoit de fes lumieres ; toujours placé à côté de moi pendant mes opérations, il m'enhardiffoit par fa préfence, il faifoit les chofes avec autant de bonté que fi j'avois été fon fils. Je ne fuis pas le feul à qui il a rendu tant de fervices : tous ceux qui l'ont employé, ont trouvé chez lui les reffources les plus fécondes.

M. Chapouille fut reçu Maître en Chirurgie en 1743, & en 1750 il fut nommé Lieutenant de M. le premier Chirurgien du Roi. Toutes les belles qualités qu'il réuniffoit lui attirerent bientôt l'eftime de tous fes Confreres ; la fupériorité de fes talents, l'éclat des Cures épineufes qu'il a fait à l'Hôtel-Dieu, à la Ville, à la Campagne lui ont attiré à jufte titre la confiance du Public. Il avoit une fagacité fi peu commune, des lumieres fi fûres, des fuccès fi conftants qu'ils fuffiroient pour l'immortalifer ; ce n'eft encore que la plus foible partie de fon éloge, fon mérite perfonnel & le zéle ardent dont il fut enflammé pour l'illuftration de la Chirurgie ; fon efprit en étoit fi fort occupé que l'on remarqua dans la fiévre maligne qui l'a enlevé le 9 Janvier de cette préfente année 1764, âgé de 53 ans, qu'il parloit dans fon délire des progrès qu'il méditoit pour le bien & l'honneur de fa Compagnie.

Les expreffions & les termes me manquent pour m'acquitter d'un éloge fi légitimement dû. M. Chapouille étoit Membre de la Société Littéraire de cette Ville ; une plume plus délicate remplira dignement ce que mon infuffifance ne m'a pas permis de faire.

Meffieurs, c'eft pour feconder vos intentions que j'ai expofé à cette refpeĉtable Affemblée ce foible crayon des vertus de Meffieurs Delarbre & Chapouille ; c'eft vous, Meffieurs, qui rendez à la mémoire de ces deux illuftres Défunts un hommage auquel la cérémonie a bien moins de part qu'une jufte vénération pour leurs vertus & leurs talens. Vous auriez pu aifément choifir quelqu'un, qui les eût expofé avec plus d'art, mais vous avez penfé qu'il fuffifoit de montrer nos deux chers Confreres tels qu'ils étoient ; dans cette fuppofition j'en ai affez dit pour juftifier les regrets de ceux qui les ont connu, & rendre leurs noms refpeĉtables à la poftérité la plus reculée.

(*a*) Il a donné à cette favante Société plufieurs Mémoires qui ont été traités avec précifion ; celui qu'il a compofé fur les maladies de l'uretre ne laiffe rien à défirer. L'Auteur, après un examen anatomique des parties qui compofent ce canal & de celles qui l'entourent, entre dans la théorie des maladies qui l'affectent ; il paffe enfuite à la cure de ces mêmes maladies. Cette differtation eft terminée par quelques faits de pratique des plus intéreffants & des plus compliqués, qu'il a heureufement terminé à la faveur de différentes efpeces de bougies de fon invention. La maniere favante avec laquelle M. Chapouille a traité cette matiere, eft plus que fuffifante pour faire connoître la vafte étendue de fon génie & la folidité de fon difcernement.

E R R A T A.

Page 11, ligne premiere, les fquiret, lifez les fquirres.
Page 16, ligne 17, progrès, lifez projets.

www.ingramcontent.com/pod-product-compliance
Lightning Source LLC
Chambersburg PA
CBHW061809040426
42447CB00011B/2553